CB139165

ConfSom
Consciência do Som da Fala

Pasta de Jogos & Atividades
para Desenvolver a Consciência Fonológica em uma Abordagem Multissensorial

Consultório Psicofono
Psicopedagogia · Fonoaudiologia · Neuropsicopedagogia

Autoras:
Ana Cristina Ferreira
Cristina Baltazar Figueira

EDICON

Ficha catalográfica

CIP-BRASIL. CATALOGAÇÃO NA PUBLICAÇÃO
SINDICATO NACIONAL DOS EDITORES DE LIVROS, RJ

F439c

Ferreira, Ana Cristina

ConfSom : consciência do som da fala : pasta de jogos & atividades para desenvolver a consciência fonológica em uma abordagem multissensorial / Ana Cristina Ferreira, Cristina Baltazar Figueira. - 1. ed. - São Paulo : Edicon : Consultório Psicofono, 2021.

96 p. ; 28 cm.

Inclui bibliografia
ISBN 978-65-5934-014-9

1. Alfabetização. 2. Estimulação sensorial. I. Figueira, Cristina Baltazar. II. Título.

21-69188 CDD: 372.416
CDU: 37.091.33:81'344

Camila Donis Hartmann - Bibliotecária - CRB-7/6472

05/02/2021 08/02/2021

EDICON
Editora e Consultoria Ltda-EPP
11-3255-1002 3255-9822
www.edicon.com.br
Rua Herculano de Freitas, 181 SP- SP 01308-020

Índice

A pasta

O processo de alfabetização é uma experiência marcante e maravilhosa.

E por isto estamos aqui, com este projeto de Consciência Fonológica em uma Abordagem Multissensorial, para ser um mediador, a fim de que este processo seja eficaz em seu propósito.

Não há uma ferramenta que faça um trabalho integrado com habilidades auditiva, visual, sinestésica e tátil, e facilite o processo de aprendizagem para auxiliar o processo de leitura e escrita.

Sabemos que os processamentos auditivos, visuais, sinestésicos e táteis estão interligados durante todo processo da alfabetização. Sendo assim, confeccionamos este material para que o profissional que for promover a aprendizagem, possa ativar os canais sensoriais, possibilitando uma gama maior de conexões neurais e promovendo a aprendizagem com maior consolidação.

Acreditamos que este instrumento irá contribuir também para a educação inclusiva, uma vez que a maioria de nossos sistemas educacionais, prioriza o visual, que nem sempre satisfaz a necessidade da criança para este processo; pois nem toda criança aprende da mesma forma que a outra.

Aqui você encontrará atividades que desenvolvem a aprendizagem de maneira natural, utilizando a base do ser humano, que são os sentidos. Este material também foi pensado nos pais, pois poderão utilizá-lo para proporcionar aos seus filhos atividades lúdicas com o objetivo de estimular a coordenação motora, sentidos, percepções e sensações.

Por esta razão, oferecemos nesta pasta, jogos e atividades que irão contribuir para a aprendizagem da linguagem oral e cognição, e fomentarão a aquisição do processo de leitura e escrita.

"Segundo Alessandra G. S. Capovilla e Fernando C. Capovilla (2000), pesquisas apontam que, indivíduos que passam por um treino para desenvolver Consciência Fonológica (CF), têm melhor desempenho no processo de alfabetização em relação aos indivíduos que não tenham passado por este treino".

"De acordo com Mousinho (2006), outra evidência encontrada em pesquisa é que, crianças com desenvolvimento abaixo do esperado na alfabetização, apresentam um desempenho insatisfatório em compreensão da linguagem, produção sintática e tarefas metafonológicas".

A CF pode ser apresentada às crianças a partir dos 3 anos, de maneira lúdica (com jogos, canções infantis, contos com rimas e atividades divertidas), o que torna a aprendizagem prazerosa, e assim, a criança aprende e absorve melhor todos os conteúdos oferecidos, em uma abordagem sensorial. Quando a criança iniciar o processo de alfabetização propriamente dito, terá desenvolvido habilidades que possibilitarão sucesso no decorrer deste processo.

O conhecimento alfabético requer uma série de habilidades fonológicas especializadas. Inicialmente, a CF permite que as crianças representem os segmentos sonoros na língua escrita. Aprender a ler, no entanto, solicita tipos avançados de CF. À medida que as crianças tomam consciência de tipos diferentes de unidades fonêmicas, há concomitante evolução na leitura.

Existem evidências consideráveis de que, a principal diferença entre bons leitores e leitores ineficientes, reside na capacidade de processamento fonológico que o bom leitor apresenta.

Vamos aproveitar este material e promover aprendizagem, consolidando o processo de alfabetização.

A consciência fonológica deve ser ensinada e estimulada.

Por isto, desenvolvemos este material didático para enriquecer o aprendizado desta habilidade tão importante no processo de aquisição da leitura e da escrita.

O que é a consciência fonológica?

A Consciência Fonológica (CF) é a aptidão para refletir e manipular conscientemente os sons da fala. Logo, refere-se à capacidade mental (consciência) de refletir sobre a estrutura sonora (fonológica) da fala (metalinguismo).

CONSCIÊNCIA = capacidade mental. FONOLÓGICA = sons

Também descrita como habilidade metalinguística, envolve ainda a capacidade de manipular os sons: identificar, segmentar, adicionar, subtrair, substituir, sejam palavras, sílabas ou fonemas; tendo relação de interação com a aquisição da leitura e escrita. Muitas vezes é compreendida como a capacidade de associar sons e letras, porém esta descrição representa, na verdade, uma outra habilidade, conhecida como relação fonografêmica.

Os fonemas representam a menor unidade sonora da fala, mas é a combinação entre eles que promove a formação de diferentes palavras.

> **"Navas Santos (2004) defende que, a CF propriamente dita, não exige o conhecimento de letras. Esta confusão é comum, pois há conectividade entre tais habilidades: é preciso ter domínio das habilidades de CF para que, então, seja possível associar sons às letras que os representam".**

A CF envolve a aquisição de algumas estruturas presentes na linguagem oral e escrita. Entre elas:

Rima

Reiteração de sons iguais ou similares, em uma ou mais sílabas, que ocorrem em intervalos determinados e reconhecíveis, ou seja, palavras que tenham a mesma repetição em sua terminação, partindo da vogal tônica.

Aliteração

Repetição de fonemas idênticos ou parecidos no início de várias palavras na mesma frase ou verso, criando sonoridade. É uma figura de linguagem relacionada à aspectos fonéticos/fonológicos da palavra.

Consciência da Palavra

Palavra é uma manifestação verbal ou escrita formada por um grupo de fonemas com uma significação. Também é um conjunto de sons articulados que expressam ideias e são representados por uma grafia, ou seja, cada letra tem um som. A palavra é formada por uma reunião de letras, que quando agrupadas, formam as frases.

Consciência Silábica

As sílabas são fonemas ou grupos de fonemas que são pronunciados por uma única emissão de voz e cuja base é sempre uma vogal. "Segundo Chard Dickson (1999), podem ser manipuladas nas seguintes atividades:

1. **Síntese: juntar sílabas.**
2. **Análise ou segmentação: separar sílabas nas palavras.**
3. **Identificação silábica: perceber sílabas iguais no início, no meio ou final de palavras. A identificação de silabas mediais é considerada a de maior dificuldade, pois para realizá-la exige-se mais da habilidade de memória.**
4. **Adição silábica: em posição inicial, final e medial.**
5. **Subtração ou exclusão: em posição inicial, final e medial.**
6. **Substituição: inicial, final e medial.**
7. **Transposição ou reversão: inverter a posição das sílabas na palavra".**

Consciência Fonêmica

Habilidade de identificar e manipular sons individuais. Envolve a capacidade de um indivíduo detectar, misturar, segmentar e manipular sons isolados em palavras. É o mais alto nível de habilidade fonológica. Se desenvolve depois que as crianças aprendem a manipular palavras e sílabas. Podem ser manipuladas nas seguintes atividades:

1. **Síntese: juntar fonemas.**
2. **Análise ou Segmentação: separar fonemas das palavras.**
3. **Identificação de fonemas: iniciais e finais.**
4. **Adição de fonemas: em posição inicial, final e medial.**
5. **Subtração ou exclusão: inicial, final e medial.**
6. **Substituição: inicial, final e medial.**
7. **Transposição ou reversão: inverter a posição dos fonemas na palavra.**

Habilidades Auditivas

O desenvolvimento auditivo inicia-se pela localização da fonte sonora, atenção ao som, discriminação do som, reconhecimento do som e vai se desenvolvendo ao longo do tempo, de acordo com o processo maturacional, tornando-se a base da palavra falada e escrita, ou seja, linguagem oral e escrita.

As habilidades auditivas como: discriminação, memória auditiva, sequência dos sons e análise-síntese sonora, estão envolvidas muito além do processo de leitura e escrita e são de suma importância para vários tipos de aprendizagem.

Várias pesquisas mostram que, ao passo que a criança se desenvolve (cresce), utiliza-se muito da habilidade auditiva para a aprendizagem. Aos 3 anos, 70% a criança aprende através da audição. Dos 5 aos 6 anos, 60% aprende através da audição e 40% por meio da leitura.

Portanto, para aprender, a criança precisadas habilidades auditivas bem desenvolvidas. Todas as situações que envolvam as habilidades auditivas, são de grande importância para a criança que está em desenvolvimento.

O adulto deve conversar com ela, trocar experiências, cantar, escutar histórias, assistir programas infantis junto com a criança, interagir com ela e muito mais. Seguem algumas atividades para explorar as habilidades auditivas. Aproveite e crie mais situações como estas.

1. ATIVIDADE

CORPO BARULHENTO, SEU REIZINHO MANDOU

Objetivo

Desenvolver habilidade auditiva como: percepção, discriminação, sequência, intensidade, noção tempoespacial e ritmo. Perceber os diversos sons que o corpo pode produzir.

Instrução

O mediador falará a frase: Seu Reizinho mandou fazer um barulho com a boca. E a criança deverá pensar e fazer um som (tossir, assoviar, cantar, assoprar, jogar beijo, imitar um animal, o telefone, campainha e assim por diante).

Depois o outro deve falar: Seu Reizinho mandou fazer um barulho com as mãos.

E poderá ser feito: esfregar as mãos, estalar os dedos, bater palmas, fazer barulho com os dedos, com os pés, com o nariz, etc.

2. ATIVIDADE

INSTRUMENTOS MUSICAIS

Objetivo

Estimular as habilidades auditivas e a noção de orientação espacial, perceber e identificar os sons dos instrumentos.

Instrução

Com os instrumentos sugeridos (flauta, gaita, apito e chocalho), o instrutor mostrará para a criança os instrumentos e tocará cada um deles, a fim de que a criança conheça o som de cada um. Deixar a criança manipular e tocar os instrumentos para familiarizar-se com eles. Após este contato inicial, o instrutor colocará uma venda nos olhas da criança e tocará um instrumento de cada vez e a criança deverá reconhecer qual instrumento foi tocado. Cada vez que a criança acertar, ganha um ponto.

Depois o instrutor escolherá um dos instrumentos e tocará em diferentes posições, a fim de que a criança identifique de que local veio o som.

Exemplo: atrás da criança, ao lado esquerdo, ao lado direito, em cima da cabeça, na frente dela, longe.

Observação: Pode-se trabalhar a nomeação das posições ou a criança apontar de onde veio o som, caso seja pequena demais.

Habilidades auditivas

ATIVIDADE DE RECONHECIMENTO DE SOM E RITMO

Objetivo

Estimular as habilidades auditivas e sonoras, imitação e memória operacional com o recurso dos instrumentos.

Instrução

Com os instrumentos sugeridos (flauta, apito e chocalho), o instrutor ficará com o apito e a criança com a flauta.

A criança deverá imitar, tocando no instrumento dela, quantas vezes o instrutor tocar o apito.

Exemplo: apitará 2 vezes e a criança dará 2 sopros na flauta. Depois 3 vezes.

Depois será com pausa: o instrutor apitará 2 vezes e dará pausa, mais 2 vezes e assim por diante, à escolha do condutor. Depois a criança trocará de instrumento e pegará o chocalho. O instrutor baterá uma quantidade palmas e a criança deverá tocar o chocalho o mesmo número de vezes e na mesma posição das palmas do instrutor.

Vendar os olhos da criança.

Exemplo: o instrutor baterá 3 palmas ao lado direito do corpo da criança.

Ela deverá imitar, tocando o chocalho na posição e na quantidade das palmas feitas pelo instrutor.

Em seguida, 2 palmas ao lado esquerdo do corpo da criança, depois 1 ao lado direito e 2 ao lado esquerdo, 2 em cima da cabeça e 3 ao lado esquerdo, e assim por diante.

Habilidades Fonológicas

A. Rimas

1. ATIVIDADE

RECITAR E CANTAR

Objetivo

Desenvolver a percepção auditiva e levar as crianças a identificar semelhanças sonoras no final das palavras.

Chamar a atenção da criança para a existência de palavras que terminem com o mesmo som (percepção ao som).

Instrução

Ler o verso em voz alta para a criança e levá-la a identificar palavras que rimem.

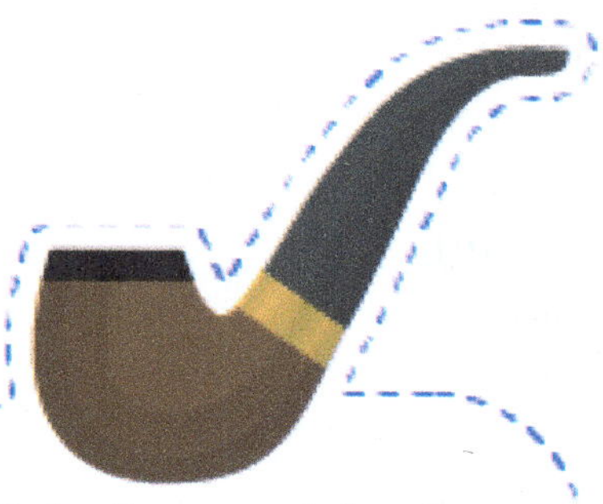

Pé de cachimbo

Hoje é Domingo
Pé de cachimbo
O cachimbo é de barro
Bate no jarro
O jarro é de ouro
Bate é touro
O touro é valente
Bate na gente
A gente é fraco
Cai no buraco
O buraco é fundo
Acabou-se o mundo

Autor: Hélio Ziskind / Parlenda

O pato tira retrato

O pato ganhou sapato
Foi logo tirar retrato
O macaco retratista
Era mesmo um grande artista
Disse ao pato : "Não se mexa"
Para depois não ter queixa
E o pata, duro, sem graça
Como se fosse de massa.
" Olhe para cá direitinho
Vai sair um passarinho"
O passarinho saiu
Bicho assim nunca se viu
Com três penas no topete
no rabo apenas sete.

Autor: Mário Quintana

Autor: Hélio Ziskind

A formiguinha

Fui no mercado comprar café,
E a formiguinha e pico o meu pé,
Eu sacudi, sacudi, sacudi,
mas a formiguinha não parava de subir.
Fui no mercado comprar batata roxa,
E a formiguinha e pico o minha coxa,
Eu sacudi, sacudi, sacudi,
mas a formiguinha não parava de subir.
Fui no mercado comprar melão, (mamão, sabão, feijão)
E a formiguinha e pico o minha mão,
Eu sacudi, sacudi, sacudi,
mas a formiguinha não parava de subir.
Fui no mercado comprar jerimum (atum),
E a formiguinha e pico o meu bumbum,
Eu sacudi, sacudi, sacudi,
mas a formiguinha não parava de subir.
Fui no mercado comprar um giz (chafariz),
E a formiguinha e pico o meu nariz,
Eu sacudi, sacudi, sacudi,
mas a formiguinha não parava de subir.

2. ATIVIDADES

RIMANDO E BRINCANDO

Objetivo

Despertar a atenção da criança para a existência de palavras que terminem com o mesmo som, percepção ao som no final da palavra, desenvolvendo as habilidades fonológicas e auditivas.

Instrução

1. Pedir para a criança nomear cada figura. Em seguida, pedir para ligar cada desenho à sua rima.

3. Vamos ouvir o nome das figuras abaixo e depois circular aquelas que rimam

Exemplo: pão, mão e sol. Pão rima com mão ou com sol?

4. Descubra o lugar de cada desenho que rima com a frase

O instrutor deverá ler para a criança, depois mostrar os desenhos para ela encontrar o desenho que rime. (Depois cole o adesivo em anexo).

Ela rola, rola e rola. Ela é uma

Não gosto de areia, sou uma

Logo após o hino, escutamos o

Gosto do mar e não sou baleia, sou uma

5. Vamos ouvir o nome das figuras abaixo e depois circular aquelas que rimam

Utilizar figuras com palavras trissílabas ou polissílabas.

Janela, panela e cachorro. Janela rima com a panela ou com cachorro?

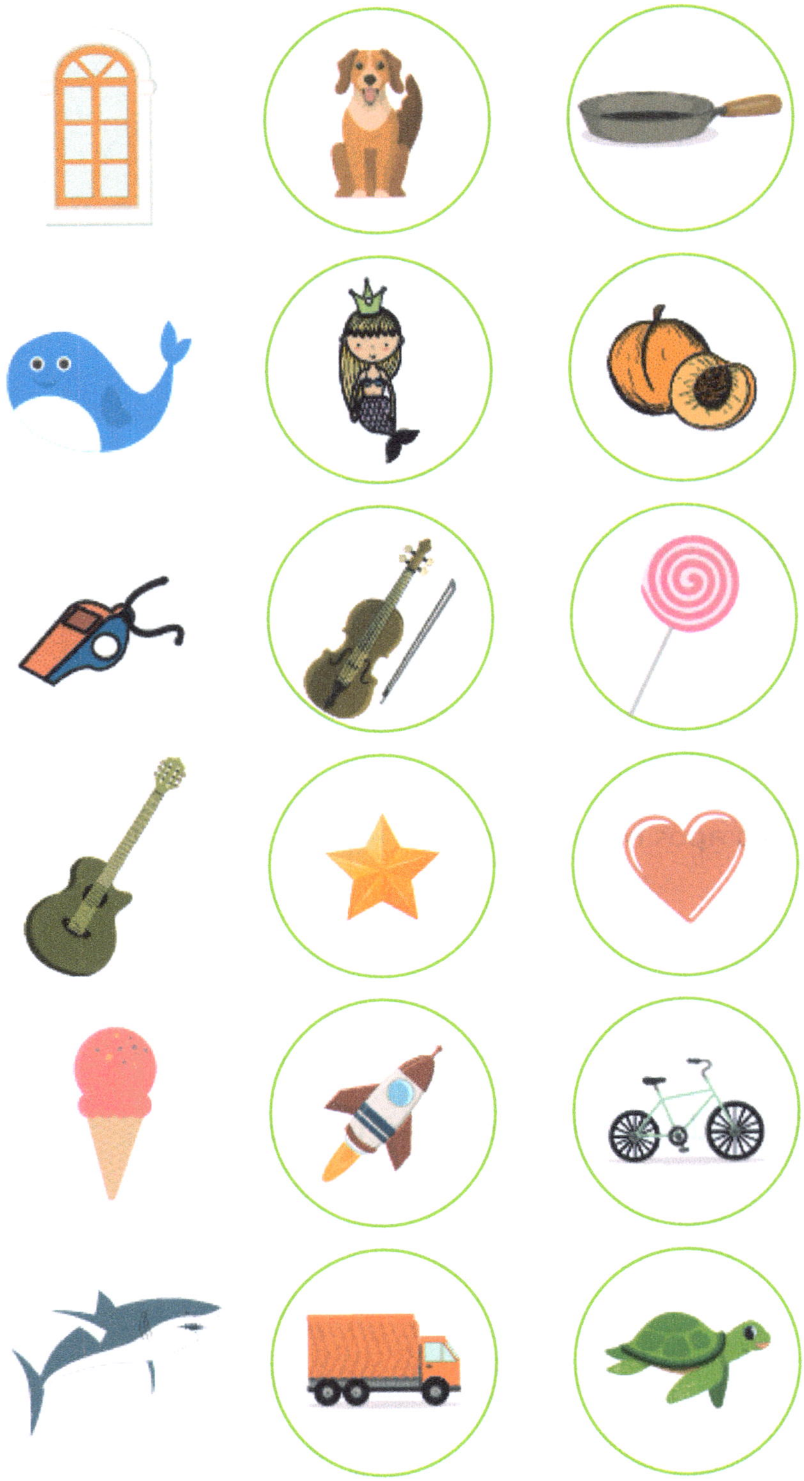

6. JOGO

LANCE A RIMA. O QUE SERÁ QUE RIMA COM SUA CARTINHA?

Objetivo

Desenvolver habilidade fonológica, percepção auditiva e visual, estimulando a figura e fundo.

Instrução

O jogador deverá pegar uma carta do monte (em anexo), ver a figura e procurar no tabuleiro (em anexo) o desenho que rima com a figura que pegou.

7. JOGO:

CADÊ A RIMA?

Objetivo

Desenvolver habilidade fonológica, percepção auditiva e visual, estimulando a figura e fundo.

Instrução

A criança olhará o desenho em destaque na ficha (em anexo) oferecida pelo mediador.

Exemplo: mamão. Em seguida, procurará dentro da tigela de vidro, que está cheia de bolinha de gel, a figura que rima – que neste caso será o limão. Ao lado de fora da tigela (embaixo dela), as figuras deverão ser fixadas de: limão, palhaço, pé, vaca, girafa, banana, que estão abaixo. Depois, colocar as bolinhas de gel dentro da tigela e cada vez que for apresentada uma ficha, a criança deverá procurar a rima colocando a mão dentro da tigela e vendo as figuras no fundo.

8.JOGO

VAMOS PAREAR AS RIMAS

Objetivo

Desenvolver habilidade fonológica, percepção auditiva, visual e noção espacial, estimulando a figura e fundo.

Instrução

Com as cartas (em anexo) misturadas e viradas para cima, a criança deverá procurar os pares dos desenhos que rimam e enfileirar em duas colunas.

9. JOGO

RIMA DADO

Objetivo

Desenvolver habilidade fonológica, percepção visual e discriminação auditiva.

Instrução

Temos 2 dados (em anexo) com figuras que rimam. A criança jogará um dado e depois o outro e verificará se o desenho que apareceu nos dois dados, rimam. Se conseguir fazer a rima, o jogador fará um ponto. Ganha quem fizer mais pontos em 10 rodadas.

10. JOGO

RIMANDO NA FRASE

Objetivo

Desenvolver habilidade fonológica, percepção visual e discriminação auditiva na sílaba final das palavras.

Instrução

O mediador lerá as frases abaixo e mostrará a opção de dois desenhos para finalizar cada frase. A criança deverá indicar a rima adequada que complete cada uma. Se a criança apresentar dificuldade, o mediador poderá oferecer opções de pistas.

Rafael comprou um anel ou um sapato? O que rima com Rafael? Anel ou sapato?

No momento que o roubo

acontecia, o cachorro

O copo liso caiu no

Nossa! O mercado está

A campainha tocou e o bebê

A criança ficou contente

porque ganhou um

11.JOGO

MEMORIMA

Objetivo

Produção de rima, percepção auditiva, memória auditiva e semântica. Completando o verso com a rima terminada em "ão".

Instrução

Mediador começará falando uma frase. A criança repetirá e acrescentará uma palavra nova terminada em "ão" e assim por diante, sempre acrescentando uma palavra nova terminada em "ão".

Exemplo: "Fui ao mercado e comprei pão".

A criança falará: "Fui ao mercado e comprei pão e limão."

Agora o mediador falará: "Fui ao mercado e comprei pão, limão e melão."

Agora a criança deve falar: pão, melão, limão e mamão.

Na vez do mediador, ele falará: pão, melão, limão, mamão e feijão.

(Esta atividade exige memória, portanto é considerada a de maior complexidade. Talvez a criança precise de pistas para encontrar a rima.

Se o mediador achar necessário, poderá falar uma lista de 10 palavras terminadas em "ão", que estejam incluídas estas palavras que foram citadas).

12.JOGO

CHEIRO QUE RIMA

Objetivo

Desenvolver habilidade fonológica, cognição (atenção e memória). Estimular a produção de rima, percepção auditiva e olfatória, acesso lexical, memória semântica e auditiva.

Instrução

O mediador deverá apresentar potes com cheiros de limão, canela, café e cebola. Depois será escolhido um pote onde a criança vai cheirar, dizer qual é o cheiro e responder à pergunta feita pelo mediador.

Sinta o cheiro da canela e responda. Qual a parte da casa que rima com canela?

Sinta o cheiro do limão e responda. O que vende na padaria e rima com limão?

Sinta o cheiro do café e responda. Qual o nome da parte do corpo que rima com café?

Sinta o cheiro da cebola e responda. Qual o brinquedo que rola e rima com cebola?

13. ATIVIDADE

VER, SENTIR E CANTAR

Objetivo

Estimular a percepção auditiva, tátil e visual. Levar a criança a identificar semelhança sonora nas canções.

Instrução

A criança colocará as mãos na bacia com geleca caseira (amido de milho e água, misturar e deixar na textura de sua preferência – se preferir, poderá adicionar suco em pó para dar cor e cheiro).

Depois, esconder nesta meleca, 4 brinquedos em miniatura. Ela vai retirar uma miniatura e mostrar para o mediador, que irá nomear o brinquedo, podendo ser: 1 cobra, 1 peixe, 1 sapo ou 1 soldado, que estarão misturados na geleca. Depois que o mediador nomear, a criança cantará a canção correspondente à miniatura, conforme está a seguir:

Como pode um peixe vivo
viver fora de água fria
Como pode um peixe vivo
viver fora de água fria
Como poderei viver
Como poderei viver
Sem a tua, sem a tua,
sem atua companhia
Sem a tua, sem a tua,
sem atua companhia

Marcha soldado
cabeça de papel,
se não marchar direito
vai preso no quartel.
Quartel pegou fogo
a policial deu sinal,
Acode, acode, acode
a bandeira nacional.

O sapo não lava o pé
Não lava porque não qué
Ele mora lá na lagoa
não lava o pé porque não qué,
mas que chulé.

A cobra não tem pé
A cobra não tem mão
Como é que ela sobe
no pezinho de limão.

B. Aliteração

1. ATIVIDADE

COMO É MESMO?

Objetivo

Desenvolver habilidade fonológica e cognição. Reconhecimento de rimas na sílaba inicial e percepção auditiva.

Instrução

Leitura em voz alta feita pelo mediador, que depois marcará com o tom de sua voz, as aliterações na sílaba inicial.

Quem vende **leite** é leiteiro,
Quem vende **livro** é livreiro,
E **sorvete** é sorveteiro,
Quem vende carne é carneiro?
Não e não! É o açougueiro.
Quem vende **pão** é o padeiro,
E **pipoca** é o pipoqueiro,
E verdura o verdureiro.
Quem vende sal, é o saleiro?
É comerciante, vendeiro.
Queria aumentar a minha lista
Mas, perdi a minha **caneta**.
Vou comprar no...canetista?
Ou será que é caneteiro?
Não pode ser canetreta...
Como é o nome verdadeiro?
Dou uma bela caneta
A quem responder primeiro.

2. ATIVIDADE

BATA PALMAS

Objetivo

Desenvolver habilidade fonológica e cognição. Estimular os sentidos de audição, visão e tato, ao reconhecer o som inicial da palavra.

Instrução

O mediador mostrará uma figura e nomeará, reforçando e prolongando o som inicial. Depois falará uma lista de 3 palavras. Cada vez que uma palavra iniciar com a mesma sílaba da figura apresentada, a criança deverá bater palmas.

ÁRVORE
CASA
CARRO

PICOLÉ
CARRO
GAROTA

FOLHA
GATO
BOTA

CÃO
PÊRA
VELA

3. JOGO

CAIXA DA FALA

Objetivo

Desenvolver habilidade fonológica, cognição (atenção e memória) e durante atividade de aliteração, estimular os sentidos de audição e tato, percebendo a sílaba inicial dos brinquedos.

Instrução

O mediador oferecerá uma caixa de sorvete com um furo na tampa contendo algumas miniaturas de brinquedos, e a criança com os olhos vendados, irá retirar um objeto da caixa e tentará descobrir o que é. Em seguida, dirá qual é a sílaba inicial do nome do objeto, e logo pensará e falará outro nome que comece com a mesma sílaba deste objeto.

Esta é uma atividade que geralmente requer mais mediação por parte do mediador, até que a criança consiga realizar sozinha.

4. ATIVIDADE

ELEFANTE LETRADO

Objetivo

E estimular a memória auditiva ao lembrar de objetos com determinada letra inicial.

Instrução

O mediador falará: elefante letrado.

A criança responderá: qual letra?

O mediador falará: letra B.

E a criança terá de procurar no ambiente que estiver, coisas que iniciem com esta letra.

Se tiver mais de uma criança, quem encontrar um objeto primeiro, ganha.

5. ATIVIDADE

PERCEBENDO O SOM

Identificando as Figuras com Sons Iniciais

Objetivo

Desenvolver habilidade fonológica, cognição, percepção auditiva e visual. Estimular os sentidos auditivos e visuais durante a identificação do fonema inicial articulado.

Instrução

Nesta atividade, a criança deverá identificar nas figuras, as palavras que iniciem com o mesmo som que o modelo apresentado.

Exemplo: abacaxi começa com o mesmo som de? Anel ou ovo?

O mediador poderá dar a dica auditiva, prolongando a sílaba ou fonema inicial.

6. JOGO

JOGO DA MEMÓRIA

Instrução

Nesta atividade, a criança deverá identificar as figuras (em anexo) que iniciem com a mesma sílaba. E iniciar o jogo da memória conforme as regras.

7. JOGO

SONDADO

Objetivo

Desenvolver habilidade fonológica e identificar as palavras que iniciem com a mesma sílaba.

Instrução

A criança jogará o dado (em anexo) que contém figuras, observará a figura que cair virada para cima e verá o desenho. A criança deverá escolher uma figura do tabuleiro (em anexo) que comece com a mesma sílaba da figura que saiu no dado. Usar o mesmo tabuleiro do LANCE A RIMA.

Antes de iniciar o jogo, solicite que a criança nomeie todas as figuras do tabuleiro e do dado, para nos certificarmos de que ela conhece as figuras e seus nomes. (vocabulário).

8. ATIVIDADE

ENCONTRE O MESMO SOM DA SÍLABA INICIAL

Objetivo

Desenvolver a aliteração da sílaba inicial, discriminação auditiva, organização perceptual e rastreio visual.

Instrução

A criança deverá pintar o círculo embaixo de cada figura que tiver o mesmo som inicial da figura modelo.

Exemplo: ÁRVORE começa com o som "A".

A criança deverá reconhecer que AVIÃO também começa com o mesmo som e pintar o círculo embaixo da figura avião. Usar um espelhinho para a criança pronunciar as palavras e perceber o som inicial de cada uma.

ATIVIDADE DE ALITERAÇÃO DA SÍLABA MEDIAL

Objetivo

Estimular os sentidos da audição durante a identificação do fonema medial articulado e a cognição.

Instrução

O mediador dirá: abra os ouvidos e perceba qual é o som que se repete no meio das duas palavras que vou dizer. E falará pausadamente as palavras:

10. ATIVIDADE

LIGUE AS FIGURAS DA SÍLABA FINAL

Objetivo

Estimular os sentidos auditivos e visuais durante a identificação do fonema no final da palavra.

Instrução

O mediador deverá auxiliar para que a criança consiga encontrar o desenho que termina com o mesmo som.

A criança deverá utilizar o espelho para visualizar a sua boca

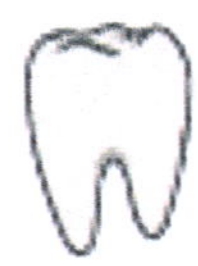

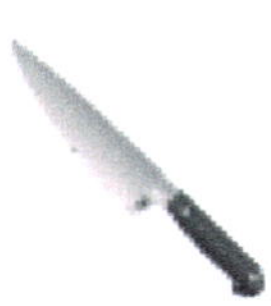

C. Consciência de Palavras

1. ATIVIDADE

RECITAR E CANTAR

Objetivo

Estimular o sentido da audição, acesso ao léxico e ao vocabulário. Fazer com que as crianças percebam que, nas frases que falamos, há várias partes dentro delas, que são as palavras.

Instrução

A criança deverá completar com adesivo a palavra que está faltando na frase. O mediador deverá ajudar a criança a perceber que, as frases podem ter diferentes números de palavras, ao falar vocábulo por vocábulo. Ele irá repetir o verso e em um segundo momento, após falar a frases, a criança vai colar o adesivo correspondente e pronunciará a palavra que está faltando.

UM, DOIS, FEIJÃO COM ARROZ.

UM, DOIS, FEIJÃO COM

TRÊS, QUATRO, FEIJÃO NO PRATO

TRÊS, QUATRO, FEIJÃO NO

CINCO, SEIS, CONTE OUTRA VEZ.

, CONTE OUTRA VEZ.

SETE, OITO, COMER BISCOITO.

SETE, OITO, COMER

NOVE E DEZ, COMER PASTEIS.

NOVE E DEZ, COMER

Ainda explorando a música "Marcha Soldado":

- Bater palma concomitantemente para cada PALAVRA da música.
- Contar o número de palavras, enquanto você, repete a música para a criança.
- Observar a palavra menor e a palavra maior existente no verso.

MARCHA SOLDADO,

MARCHA ______

CABEÇA DE PAPEL

CABEÇA DE ______

QUEM NÃO MARCHAR DIREITO,

QUEM NÃO ______ **DIREITO,**

VAI PRESO NO QUARTEL

VAI PRESO NO ______

Vamos continuar, agora com a música "Cai Cai Balão".

- Deixe a criança verbalizar a palavra e pegar a figura que representa a palavra que está faltando nas frases.

Antes de fazer esta atividade sozinha, primeiro cante a música para a criança várias vezes.

CAI CAI BALÃO

CAI CAI ______ **AQUI NA MINHA** ______

NÃO CAI NÃO, NÃO CAI NÃO, NÃO CAI NÃO

CAI NA RUA DO ______

2. ATIVIDADE

O QUE COMBINA COM...

Objetivo

Estimular os sentidos visuais e auditivos, relacionados ao acesso lógico e ao vocabulário e estabelecer relações cognitivas.

Instrução

A criança deverá nomear a figura e associar a figura correspondente que está nos adesivos em anexo. Depois deverá colar ao lado da figura relacionada.

+

+

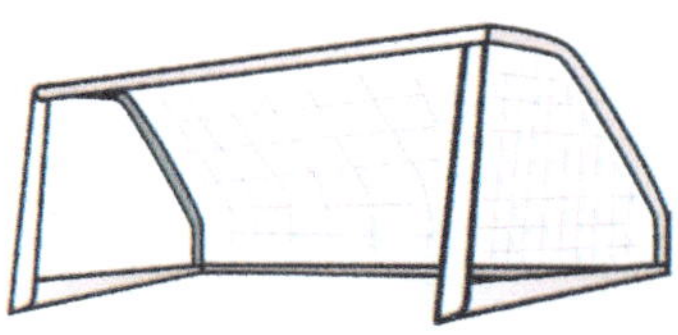

+

+

+

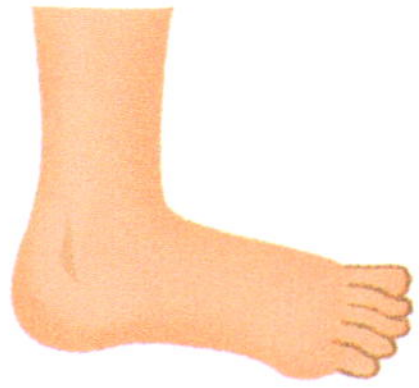 +

 +

 +

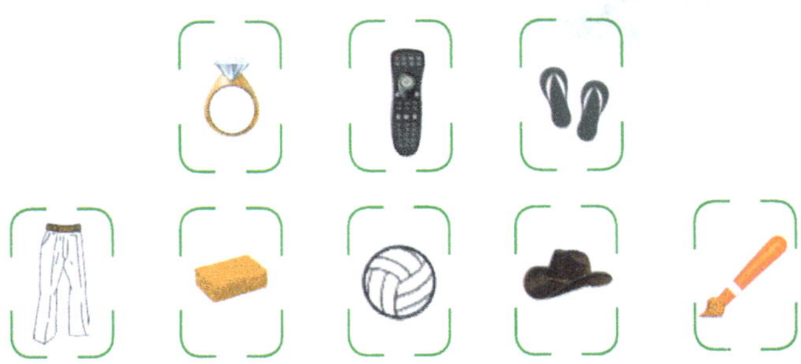

3. ATIVIDADE

PERCEPÇÃO DAS PALAVRAS NA FRASE

Objetivo

Estimular as habilidades fonológicas e noção temporal. Levar a criança a perceber as partes de uma frase (as palavras).

Instrução

O mediador deverá falar a frase completa e depois repetir. A cada palavra, dar pausa entre elas e colocar para cada palavra falada, um quadradinho (material E.V.A), batendo palmas para cada palavra.

Sendo assim, cada palavra será representada por um quadro e uma palma. Após exercitar algumas vezes com diferentes frases, o instrutor poderá solicitar que a criança tente descobrir sozinha quantas palavras há na frase (a atividade deve ser oral e não escrita. Iniciar com frases mais curtas, e aos poucos, aumentar o número de palavras na frase e as fichas em E.V.A).

CACHORRO TOMA ÁGUA.

(1) CACHORRO (2) TOMA (3) ÁGUA

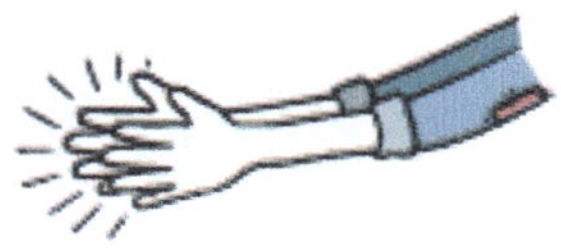

PAPAI COMEU O BOLO.

(1) PAPAI (2) COMEU (3) O (4) BOLO

O RATO CORREU DO GATO.

(1) O (2) RATO (3) CORREU (4) DO (5) GATO

4. ATIVIDADE

TELEFONE SEM FIO

Objetivo

Estimular as habilidades fonológicas e auditivas, percebendo as palavras.

Instrução

Com duas latas que são ligadas por um fio de barbante, o instrutor levará a lata à boca e falará uma palavra. A criança na outra ponta, estará com a sua lata no ouvido e tentará entender a palavra que o instrutor falou e repetirá em voz alta.

Depois é a vez da criança levar a lata à boca e falar dentro dela uma palavra.

O instrutor levará a lata ao ouvido, escutará e repetirá o que entendeu.

5. JOGO

STOP VERBAL

Objetivo

Estimular a memória visual, raciocínio lógico, habilidades fonológicas, categorias gramaticais, habilidades auditivas e fluência verbal ao lembrar e pronunciar as palavras.

Instrução

O instrutor deverá solicitar que a criança fale determinadas palavras rapidamente, em diferentes categorias.

(4) Animais
(4) Cores
(4) Frutas
(3) Objetos de cozinha
(3) Objetos de quarto
(3) Objeto escolar
(3) Vendidas no mercado.
Não são de comer
(3) Têm luz
(3) Funciona com pilha
(3) Sentimentos
(3) Animais que não têm pelo

6. ATIVIDADE

O QUE É, O QUÊ É?

Objetivo

Estimular o raciocínio lógico, habilidades fonológicas, semânticas, auditivas e visuais, ao escutar e identificar a palavra.

Instrução

O mediador deverá ler as adivinhas e a criança escolherá e irá assinalar a figura que corresponde à resposta correta.

O que é, o que é?

Uma casa bem bonita sem porta, sem janela, tem paredes muito finas, dona clara vive nela

O que é, o que é?

Duas janelas que abrem e fecham sozinhas?

O que é, o que é?

Só pode ser usado depois de quebrado?

7. ATIVIDADE

ADIVINHAS

Objetivo

Estimular o raciocínio lógico, habilidades fonológicas, semânticas, auditivas e visuais, ao escutar e identificar a palavra.

Instrução

O instrutor deverá ler as adivinhas e a criança deverá escolher e circular a figura que corresponde à resposta correta.

O que é, o que é?

Sabe as horas e não é relógio, tem esporas e não é cavaleiro?

O que é, o que é?

Tem cinco dedos sem carne e sem osso?

 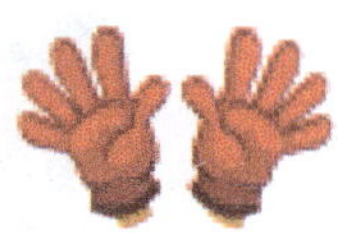 

O que é, o que é?

Ele sobe quando a chuva desce?

O que é, o que é?

Só anda quando a gente bate na cabeça?

O que é, o que é?

Cheio de dia e vazio de noite?

8. JOGO

BATATA QUENTE TÁTIL

Instrução

Devem ser apresentados para a criança 4 pratos contendo as seguintes texturas: algodão, lixa, esponja macia e areia. (recortar as fixas em anexo)

Cada textura deverá ter uma ficha com seu desenho. A criança tocará cada textura, enquanto o instrutor pegará uma ficha, ficará de costas para a criança e falará: batata quente, quente, quente, quente... o tempo que desejar, até falar por último: queimou! Então ele deve virar para a criança e perguntar: onde você tocou por último?

Se for a textura correspondente à ficha que o instrutor pegou, então queimou. E agora é a vez do instrutor tocar as texturas enquanto a criança escolhe uma ficha e fala "batata quente" de costas para o instrutor. (destacável as fichas)

9.JOGO:

QUAL É A FRUTA

Objetivo:

Desenvolver a noção de palavra através de uma frase, ou seja, adivinha. Irá desenvolver também o raciocínio lógico, habilidade cognitiva, função executiva (atenção e memória), semântica e a sintaxe.

Instrução:

O mediador deverá ler para criança um O que é O que é e ela deverá descobrir o nome da fruta como resposta da adivinha.

Escute e procure a imagem da fruta que será a resposta da adivinha.

O que é o que é

Fruta branca por dentro e amarela por fora que rima com cana. Resposta: banana

O que é o que é

Fruta que pode ser: azeda ou doce, com caroços, gomos e rima com canja. Resposta: laranja

O que é o que é

Fruta verde com um caroço grande e rima com alicate. Resposta: abacate.

O que é o que é

Fruta verde com pelos na casca. Resposta: Kiwi

O que é o que é

Fruta verde, azeda, redonda e rima com irmão. Resposta: limão

O que é o que é

Fruta que tem uma coroa e casca áspera. Resposta: abacaxi

O que é o que é

Fruta doce, vermelha e rima com cerveja. Resposta: cereja.

O que é o que é

Fruta vermelha que envenenou a Branca de Neve. Resposta: maçã

O que é o que é

Fruta amarela, doce, com caroços brancos e rima com balão. Resposta: melão

O que é o que é

Fruta no cacho, pode ser: verde, roxa ou rubi e rima com luva. Resposta: uva

O que é o que é

Fruta com chapéu verde, vermelha com sementes e rima com tango. Resposta: morango

O que é o que é

Fruta que não dá em arvore, verde ‘por fora e vermelha por dentro e cheia de caroços. Resposta: melancia

O que é o que é

Fruta cheia de caroços pretinhos e rima com mão. Resposta: mamão

O que é o que é

Fruta vermelha, com um caroço e rima com deixa. Resposta ameixa.

D. Consciência Silábica

SÍNTESE SILÁBICA

1. JOGO

TOQUE A FIGURA

Instrução

O mediador soletrará PAUSADAMENTE as sílabas de uma figura e a criança deverá juntá-las e procurar o alvo correspondente (em anexo).

Exemplo: BO-NE-CA. A criança deverá integrar as sílabas e procurar o alvo.

2. JOGO

BOCA QUE COME, BOCA QUE FALA

Objetivo

Estimular o sentido gustativo, olfatório e auditivo, durante atividade de segmentação silábica.

Instrução

A criança deverá ter a sua frente, um prato com diferentes pedaços de frutas (a seu gosto). Em seguida, ela deverá nomear cada fruta.

Depois, seus olhos deverão ser vendados. O mediador deverá introduzir um pedaço de fruta na boca da criança e perguntar:

qual fruta você está comendo? (MAÇÃ). Fale os pedacinhos desta palavra: MA-ÇÃ. E assim sucessivamente.

3. ATIVIDADE

BRINCANDO COM AS SÍLABAS

Instrução

O mediador separará uma ficha de cada cor, para cada sílaba. Em seguida, falará uma palavra e solicitará que a criança reconheça quantas partes possui esta palavra e colocará uma cor de ficha para cada parte da palavra.

Exemplo: CAVALO. 1 2 3

Perguntar para a criança quantas partes esta palavra possui. Se for 3 partes, serão 3 fichas. Perguntar qual SOM tem a ficha vermelha, qual SOM tem a ficha azul e qual SOM tem a ficha verde. Depois, perguntar: juntando tudo, qual palavra será formada?

Exemplo: CAMALEÃO. 1 2 3 4

Perguntar para a criança quantas partes esta palavra possui. Se for 4 partes, serão 4 fichas. Perguntar qual SOM tem a ficha vermelha, qual SOM tem a ficha azul e assim por diante. Obs.: sugerimos que o mediador crie novas palavras para ampliar esta atividade (trissílabas e polissílabas).

4. JOGO

PULA-PULA SÍLABA

Objetivo

Desenvolver a noção de sílaba de uma palavra, noção temporal, espacial e coordenação motora, a fim de estimular as habilidades auditiva, visual, tátil e sinestésica.

Instrução

O mediador fará 4 círculos no chão 1 2 3 4 com E.V.A, giz ou fita adesiva. Depois, solicitará que a criança pule nos círculos de acordo com a quantidade de sílabas que a palavra apresentar. Enquanto pula, deverá falar Cada sílaba da palavra apresentada.

Exemplo: BOLA. A criança deverá pular dentro de 2 círculos: 1 2

PETECA. A criança deverá pular dentro de 3 círculos: 1 2 3

Pedir para a criança voltar e ficar no círculo com o som TE e depois ir para o círculo com o som CA. E assim, nesta brincadeira, trabalharemos a detecção silábica.

CHOCOLATE. A criança deverá pular dentro de 4 círculos: 1 2 3 4

Pedir para a criança voltar e ficar no círculo com o som LA e depois ir para o círculo com o som CHO.

Esta atividade também poderá ser realizada em forma de competição. Cada competidor

deverá pensar numa palavra e o jogador adversário deverá dar um salto para cada sílaba

da palavra. Ganha o jogador que conseguir acertar o maior número de palavras.

5. ATIVIDADE

PINTANDO AS ESTRELAS

Objetivo

Propomos nesta atividade, uma percepção dos padrões fonovisuarticulatórios, associando o fonema (som ao articularmos / boca para falar) e desenvolvendo habilidades auditiva, visual, sinestésica, orientação espacial, temporal e coordenação motora fina.

Instrução

O mediador solicitará que a criança fale o nome do desenho e perceba quantas vezes abre a boca para falar. Usando como apoio um espelho para visualizar a boca. Em seguida deverá pintar a quantidade de estrelas correspondentes.

Exemplo: para dizer sapo, você abre a boca quantas vezes?

Este é o número de estrelas que você irá pintar.

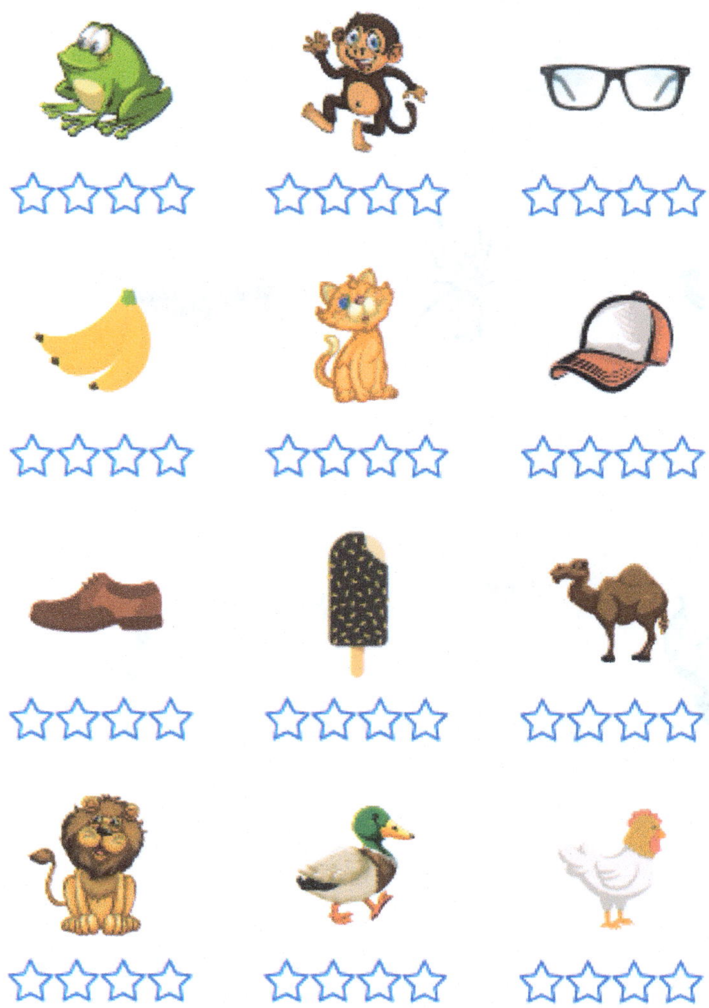

6. ATIVIDADE

BRINCANDO COM AS SÍLABAS

Objetivo

Verificar a habilidade de perceber e localizar sílabas dentro de palavras apresentadas oralmente.

Instrução

Pedir para a criança pintar o círculo correspondente à sílaba solicitada.

1. Limão |MÃO
2. Macaco | CA
3. Camelo | LO
4. Máscara | MAS
5. Pato | TO
6. Aranha | NHA
7. Cama | CA
8. Escada | ES
9. Dragão | DRA
10. Carneiro | NEI
11. Cachorro | CHO
12. Portão | POR

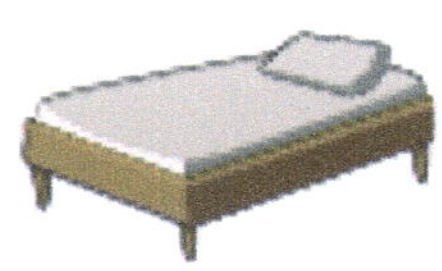

7. JOGO

BRINCANDO COM AS SÍLABAS

Objetivo

Desenvolver a noção de sílaba dentro de uma palavra, além de noção temporo-espacial e coordenação motora fina. Também estimular as habilidades auditiva, visual, tátil e sinestésica.

Pedir para a criança pegar a ficha que representa a sílaba com o som "LO".
Pedir para a criança pegar a ficha que representa a sílaba com o som "VA".

Pedir para a criança pegar a ficha que representa a sílaba com o som "LA".
Pedir para a criança pegar a ficha que representa a sílaba com o som "NE".

Pedir para a criança pegar a ficha que representa a sílaba com o som "RA".
Pedir para a criança pegar a ficha que representa a sílaba com o som "FA".

Pedir para a criança pegar a ficha que representa a sílaba do meio e dizer qual som faz.
Pedir para a criança pegar a ficha que representa a sílaba com o som "NHA".

Aproveitar as fichas da atividade em anexo

8. ATIVIDADE

MAIS E MUDA

Objetivo

Manipular as sílabas e formar outra palavra. Desenvolver habilidades auditiva, visual, cognitiva e noção espacial.

Instrução

O mediador deverá mostrar uma ficha com a figura da MÃO. Depois perguntará: se eu colocar a sílaba "MA" no início da palavra MÃO, qual palavra será formada? A criança deverá falar e desenhar a figura (MAMÃO).

Em seguida, o mediador mostrará uma ficha com a figura da MÃO e perguntará: se eu colocar a sílaba "LI" no início da palavra MÃO, qual palavra será formada? A criança deverá falar e desenhar a figura (LIMÃO).

Mostrar uma ficha com a figura da LINHA e perguntar: se eu colocar a sílaba "GA" no início da palavra LINHA, qual palavra será formada? A criança deverá falar e desenhar a figura (GALINHA).

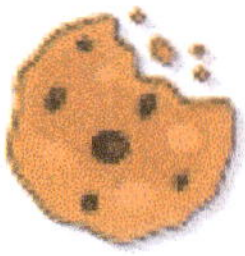

Mostrar uma ficha com a figura da BOLA e perguntar: se eu colocar a sílaba "CHA" no final da palavra BOLA, qual palavra será formada? A criança deverá falar e desenhar a figura (BOLACHA).

Mostrar uma ficha com a figura do CACHO de bananas e perguntar: se eu colocar a sílaba "RO" no final da palavra cacho, qual palavra será formada? A criança deverá falar e desenhar a figura (CACHORRO).

Mostrar uma ficha com a figura do BONÉ e perguntar: se eu colocar a sílaba "CA" no final da palavra BONÉ, qual palavra será formada? A criança deverá falar e desenhar a figura (BONECA).

1

______

2

______

3

______

4

______

5

______

Subtração ou Exclusão de Sílaba

9. JOGO

DESCUBRA A PALAVRA ESCONDIDA

Objetivo

Manipular as sílabas e formar outra palavra. Desenvolver habilidades auditiva, visual, cognitiva e noção espacial.

Instrução

O mediador falará o nome da figura e a sílaba que deverá ser tirada (subtraída). Abaixo há um banco de figuras com as palavras que são formadas após a retirada da sílaba. A criança deverá identificar e colar o adesivo (em anexo), embaixo da figura correspondente.

ESCOLA
Tira "ES", fica?

CACHORRO
Tira "RRO", fica?

CARACOL
Tira "COL", fica?

SACOLA
Tira "LA", fica?

CARROSSEL
Tira "SSEL, fica?

CAMINHÃO
Tira "MI", fica?

CINQUENTA
Tira "QUEN", fica?

SOLDADO
Tira "DADO", fica?

CALÇADA
Tira "DA", fica?

BRINCADEIRA
Tira "BRIN", fica?

Substituição Silábica

10. ATIVIDADE

VOCÊ TROCA

Objetivo

Verificar a habilidade de segmentar, manipular e juntar sílabas apresentadas oralmente.

Desenvolver habilidades auditiva, cognitiva, noção temporal e percepção visual.

Instrução

O mediador apresentará uma figura e falará o nome dela. Depois, ele irá subtrair uma

sílaba e acrescentar outra, formando outra palavra. A criança deverá apontar o desenho correspondente que se encontra no rodapé.

O mediador falará: se eu tirar o "VA" da VACA e colocar "FA", qual palavra será formada? A criança deverá apontar a figura da FACA que estará anexada embaixo da folha.

O mediador falará: se eu tirar o "GA" do GATO e colocar "PA", qual palavra será formada? A criança deverá apontar a figura do PATO que estará anexada embaixo da folha.

O mediador falará: se eu tirar o "PA" do PATO e colocar "RA", qual palavra será formada? A criança deverá apontar a figura do RATO que estará anexada embaixo da folha.

O mediador falará: se eu tirar o "LA" da BOLA e colocar "LO", qual palavra será formada? A criança deverá apontar a figura do BOLO que estará anexada embaixo da folha.

O mediador falará: se eu tirar o "NE" da BONECA, qual palavra será formada? A criança deverá apontar a figura da BOCA que estará anexada embaixo da folha.

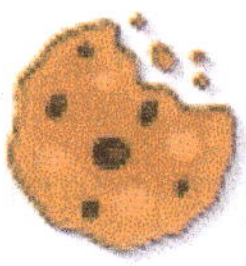

O mediador falará: se eu tirar o "CHA" da BOLACHA, qual palavra será formada? A criança deverá apontar a figura da BOLA que estará anexada embaixo da folha.

O mediador falará: se eu tirar "CAMA" do CAMALEÃO, qual palavra será formada? A criança deverá apontar a figura do LEÃO que estará anexada embaixo da folha.

Agora, se eu tirar "LEÃO" da palavra CAMALEÃO, qual palavra será formada? A criança deverá pegar a figura da CAMA que estará anexada embaixo da folha.

Usar um espelho para a criança pronunciar as sílabas e perceber a quantidade de sílabas que cada palavra tem (quantas vezes abre a boca).

Transposição ou Reversão Silábica

11. ATIVIDADE

IDIOMA DA LUA

Objetivo

Desenvolver linguagem receptiva e expressiva, habilidade de atenção, cognição, percepção auditiva e visual, discOriminação auditiva, vocabulário, noção tempo-espacial, análise/síntese. Verificar a habilidade de manipular e juntar fonemas formando novas palavras.

Instrução

O mediador será a pessoa que chegou na Terra da viagem à Lua e agora fala as palavras invertidas. Vamos ouvir e descobrir o que ele está falando. Vamos inverter as sílabas de trás para frente e pegar a figura que ele quer dizer. Depois, podemos pedir para que a criança produza as palavras invertendo as sílabas, como se fosse ela que chegou da Lua.

Use o quadradinho de E.V.A para explicar. Com certeza irá contribuir para que a criança compreenda a atividade.

As figuras que o mediador falar e a criança descobrir, ela deverá apontar para uma destas figuras para responder: milho, porta, luva, piolho, pastel e foca.

Segmentação Silábica

12. POTE DAS SÍLABAS

Objetivo

Desenvolver a noção de sílaba de uma palavra, coordenação motora fina e noção temporal e espacial. Habilidade auditiva e visual.

Instrução

O mediador solicitará que seja falado o nome de figura que a criança pegou (perceba quantas vezes ela abre a boca para falar). Depois deverá escolher o pote que irá colocar a figura, de acordo com o número de sílabas que foram faladas, a criança deverá colar o adesivo (em anexo) no pote correspondente ao número de sílabas faladas.

1 2 3
3
SÍLABAS

1 2 3 4
4
SÍLABAS

SÍNTESE DE FONEMAS

1. JOGO

DETETIVE DE PALAVRAS

Objetivo

Verificar a habilidade fonêmica de manipular e juntar os fonemas apresentados oralmente. Desenvolver habilidades auditiva, cognitiva, temporoespacial, percepção auditiva e visual.

Instrução

Nesta atividade, o mediador deverá verbalizar pausadamente cada fonema (o som de cada palavra) da palavra (oferecendo pausas entre os fonemas falados). Espera-se que a criança escute os sons e faça a síntese/junção para descobrir a palavra. A criança deverá apontar a figura correspondente a palavra formada, que estará anexada no final da folha.

Inicie oferecendo pistas que podem ser figuras ou os próprios objetos disponíveis na sala. Inicie com palavras monossílabas e dissílabas e de estrutura silábica mais simples, ou seja: C-V (consoante-vogal), V-C-V (vogal-consoante-vogal) e C-V-C-V (consoante-vogal-consoante-vogal). Fale para a criança: você será o detetive de palavras. Agora escute os sons "UUU" "VVV" "AAA" e me diga, qual palavra você descobriu?

Obeservação: caso a criança tenha dificuldade na tarefa, poderão ser mostradas, como apoio visual, as fichas abaixo.

Importante: o mediador deverá ter certeza de como é produzido o som de todos os fonemas antes de começar a introduzir esta habilidade. Não falamos aqui em letras. Somente sons dos fonemas.

Sugestões: pé, uva, lixo, vaca, suco, luva, dedo, dado, bola. Poderão ser mostradas para a criança, como apoio visual, fichas com as figuras das palavras que serão emitidas.

2. ATIVIDADE

FALA NOME

Objetivo

Verificar a habilidade fonêmica de manipular e juntar os fonemas apresentados oralmente. Desenvolver habilidades auditiva, cognitiva, temporoespacial e percepção auditiva.

Instrução

Falar para a criança o nome dela e quais os sons dos fonemas (o som de cada palavra) que têm no seu nome. Depois, fazer o mesmo exercício com o nome do mediador e pedir que a criança ajude. O mediador fala um fonema e a criança outro (se for necessário, pode ter ajuda). Para ampliar a atividade, poderá continuar a atividade com os nomes das pessoas da família da criança.

3. JOGO

DOMINÓ

Objetivo

Desenvolver percepção auditiva e visual, noção espacial, vocabulário receptivo, análise e síntese. Levar a criança a perceber que o mesmo som se encontra em palavras diferentes.

Instrução

O mediador mostrará à criança peças com várias figuras (em anexo) e pedirá para a criança identificar o fonema (som de cada letra) inicial de cada figura. Depois, deverá misturar as peças do dominó e iniciará o jogo. Mostrar que o mesmo som pode estar em várias palavras diferentes. Estimular o som do fonema e não o nome da letra.

Adição de Fonema

4. BUÁ, BUÁ!

OBJETIVO

Desenvolver linguagem receptiva e expressiva, habilidade de atenção, percepção e discriminação do som, noção espacial, análise/síntese. Verificar a habilidade de manipular e juntar fonemas formando novas palavras.

Instrução

O mediador deverá ler o texto em voz alta para a criança.

CHORADEIRA

Buá, buá!
O meu choro acaba em á.
Bué, bué!
O carneiro chora em é.
Buí, buí!
O sagui tem choro em í.
Buó, buó!
Meu vizinho chora em ó.
Buú, buú!
Meu irmãozinho chora em ú.

Choro eu, chora o irmãozinho
e o sagui com o vizinho.
Mas será que o carneiro
chora assim o dia inteiro?
Acho que lembrei agora,
ele bale, nunca chora.

Bale, bala, bola, bula.
O carneiro nunca chora.
Mala, mola, mula, mole
pego a bola e vou lá fora.

Pra dizer bem a verdade,
acho que eu estou meio louco:
esqueci porque é que eu estava
a chorar ainda há pouco!

Pedro Bandeira

Instrução

Pedir para criança pronunciar o som que ele quer acrescentar na frente de cada palavra. Caso ela fale a palavra inteira ou o nome da letra, não estará desenvolvendo a consciência fonêmica.

Exemplo:

☐ORO. Quais palavras posso formar?
R: (CHORO, CORO).

☐OLA. Quais palavras posso formar?
R: (BOLA, MOLA, COLA, SOLA).

☐ALA. Quais palavras posso formar?
R: (MALA, FALA, BALA, CALA, SALA).

Formar palavras colocando UM SOM no final de cada uma delas. Exemplo:

BU☐:	R: (BUÁ, BUÉ, BUÍ, BUÓ, BUÚ)
TE☐	R: (TER, TEM)
ME☐	R: (MEU, MÊS)
CO☐:	R: (COR, COM, CÓS)

Formar palavras colocando UM SOM no meio dela. Exemplo:

B☐I	R: (BOI, BUÍ)
B☐Á	R: (BUÁ)
B☐É	R: (BUÉ)
BA☐A	R: (BALA, BABA, BATA)
MA☐A	R: (MALA, MATA, MACA)
FO☐A	R: (FORA, FOCA, FOFA)

Subtração ou Exclusão de Fonemas

5. ATIVIDADE

PAPA SOM (SUBTRAIR FONEMA INICIAL E FINAL)

Objetivo

Desenvolver linguagem receptiva e expressiva, habilidade de atenção, cognição, percepção e discriminação auditiva, vocabulário, noção tempoespacial. Verificar a habilidade de manipular e subtrair fonemas da palavra formando nova palavra.

Instrução

O mediador falará uma palavra e depois brincará que irá papar (comer) um som da palavra, e em seguida, ele perguntará: qual foi a nova palavra formada? Solicitar que a criança identifique a figura que representa a nova palavra. Mostrar as figuras de: uva, arco, pá, sol e pé.

O mediador falará para a criança:

Se eu tirar o som **/ch/** de chuva como fica?

Se eu tirar o som **/b/** de barco, como fica?

Se eu tirar o som **/s/** de paz, como fica?

Se eu tirar o som **/a/** de sola, qual palavra fica?

Se eu tirar o som **/a/** de peça, qual palavra fica?

6. ATIVIDADE

O QUE É O QUE É?

Objetivo

Desenvolver linguagem receptiva e expressiva, habilidade de atenção, percepção auditiva e visual, discriminação auditiva, noção espacial, análise/síntese. Verificar a habilidade de manipular e juntar fonemas formando novas palavras.

Instrução

O mediador irá ler O QUE É O QUE É e a criança deverá ver qual é o fonema para descobrir O QUE É O QUE É. As figuras servirão como pista

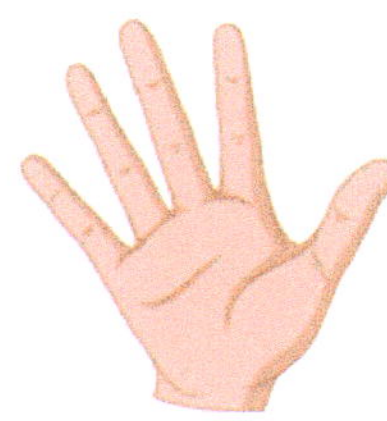

1. Com L vive no céu □□□

2. Com R é de todo mundo □□□

3. Com B é de se comer □□□□

4. Com B é de se chupar □□□□

5. Com M é de carregar □□□□

6. Com P é feito de trigo □□□

7. Com M é parte da gente □□□

8. Com C é muito valente □□□

7. ATIVIDADE

IDIOMA DA LUA

Objetivo

Desenvolver linguagem receptiva e expressiva, habilidade de atenção, cognição, percepção auditiva e visual, discriminação auditiva, vocabulário, noção temporo-espacial, análise/síntese. Verificar a habilidade de manipular e juntar fonemas formando novas palavras.

Instrução

O mediador será a pessoa que chegou na Terra da viagem à Lua e agora fala as palavras invertidas. Vamos ouvir e descobrir o que ele está falando. Vamos inverter os fonemas de trás para frente e pegar a figura que ele quer dizer. Depois, podemos pedir para que a criança produza as palavras invertendo os fonemas, como se fosse ela que chegou da Lua.

Use os quadradinhos de E.V.A. para explicar. Com certeza irá contribuir para que a criança compreenda a atividade.

As figuras que o mediador deverá falar e a criança deverá descobrir, olhando para os desenhos são: pé, pá, lua, sol, ovo, bota, atum, dado, luva, nave, foca e sofá.

ép

áp

aul

los

ovo

ôva

atob

olob

odad

avul

evan

áfso

Síntese de Fonema

FIGURA SECRETA

8. ATIVIDADE

DESCUBRA QUAL É O DESENHO SECRETO

Objetivo

Desenvolver habilidade auditiva fonêmica na manipulação e junção dos sons, a fim de estimular habilidades auditiva, cognitiva, temporoespacial e visual.

Instrução

A a criança deverá verbalizar, pausadamente, o som inicial de cada figura (o som do fonema inicial) e descobrir qual é a figura secreta. Depois, colar o adesivo (em anexo) no lugar indicado.

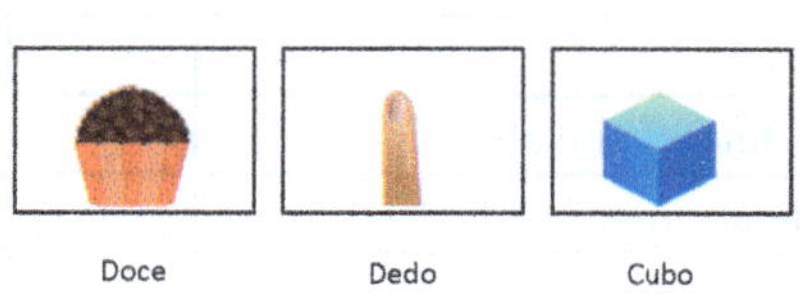

Tabela do Desenvolvimento			
Objetivos	Atingiu	Atingiu parcialmente	Não atingiu
Habilidade Auditiva			
Percebe e identifica os sons dos instrumentos?			
Discrimina os sons dos instrumentos musicais?			
Localiza espacialmente os sons?			
Imita o som no instrumento musical?			
Produz sons?			
Rima			
Identifica semelhanças sonoras no final das palavras?			
Discrimina auditivamente o som das sílabas finais das palavras?			
Apresenta habilidade para rimar com apoio visual das figuras?			
Apresenta habilidade para rimar sem o apoio visual das figuras?			
Produz rimas?			
Aliteração			
Identifica palavras que iniciam com as mesmas sílabas?			
Identifica palavras que terminam com as mesmas sílabas?			
Identifica a sílaba medial das palavras?			
Identifica palavras que iniciam com os mesmos sons (fonema)?			
Apresenta habilidade de Aliteração com apoio visual das figuras?			
Apresenta habilidade de Aliteração sem apoio visual das figuras?			
Consciência da Palavra			
Percebe que na frase há várias partes dentro dela, que são as palavras?			
Identifica os absurdos verbais existentes nas frases?			
Apresenta fluência verbal ao ter que pronunciar várias palavras de acordo com o solicitado por categorias? Visto na atividade Stop Verbal.			
Apresenta habilidade de memória lexical? Visto na atividade Stop Verbal entre outras.			
Apresenta habilidade de semântica (nomear e saber o significa-do) da palavra? Visto na atividade Stop Verbal e O que é O que é.			
Consciência Silábica			
Junta sílabas?			
Separa sílabas nas palavras?			
Percebe sílabas iguais no início, no meio ou final de palavras?			
Adiciona silábica em posição inicial, final e medial?			
Subtrai sílaba em posição inicial, final e medial?			
Substitui sílaba em posição inicial, final e medial?			
Inverte a posição das sílabas na palavra?			
Consciência Fonêmica			
Junta fonemas?			
Separa fonemas das palavras?			
Identifica fonemas iniciais e finais?			
Adiciona fonemas em posição inicial, final e medial?			
Subtrai fonemas em posição inicial, final e medial?			
Substitui fonemas em posição inicial, final e medial?			
Inverte a posição dos fonemas nas palavras?			
Habilidade Auditiva, Rima, Aliteração, Consciência da Palavra, Consciência Silábica e Consciência Fonêmica			

Habilidade Auditiva, Rima, Aliteração, Consciência da Palavra, Consciência Silábica e Consciência Fonémica

REFERÊNCIA

ANTUNES, L.G.; FREIRE, T.; CRENITTE, P.A.P.

Programa de Remediação Fonológica em Escolares com Sinais de Risco para Dificuldades de Aprendizagem. 2015.

BARRERA, S.D.; SANTOS, M.J. Influência da Consciência Fonológica na Aprendizagem da Leitura e Escrita: O Que Dizem as Pesquisas Brasileiras. Curitiba, 2014.

CAPOVILLA, Alessandra G.S.; CAPOVILLA, Fernando C. Alfabetização: Método Fônico. São Paulo, 2003.

CAPOVILLA, Alessandra G.S; GÜTSCHOW, C.R.D.; CAPOVILLA, Fernando C. Habilidades Cognitivas que Predizem Competência de Leitura e Escrita. São Paulo, 2004.

DAHAENE. S. Os Neurônios da Leitura: Como a Ciência Explica a Nossa Capacidade de Ler. Porto Alegre. 2012.

DICKSON, S.V.; CHARDD, J. Intervention in School and Clinic, 34, p.262. Copyright, 1999

OLIVEIRA, A.M.; CAPELLINI, S.A. Banco de Palavras para Leitura de Escolares do Ensino Médio: E-LEITURA III. Rev. CEFAC, 2016, vol.18, nº 6, p. (1404-1446).

PEREIRA, L.D. & SCHOCHAT (eds). Processamento Auditivo Central: Manual de Avaliação. Ed. Lovise. São Paulo, 1997.

SANTOS, M.T.M. & PEREIRA, L.D, Consciência Fonológica. Rev. CEFAC, vol.10 nº.1. São Paulo, 2008.

SANTOS, M.T.M; NAVAS, A.L.G.P. Transtornos de Linguagem Escrita Teórica e Prática. 1ª ed. Barueri, 2004.

SILVA, N.S.M.; CRENITTE, P. A. P. Desempenho de Crianças com Risco para Dificuldade de Leitura Submetidas a um Programa de Intervenção. CoDAS online. 2016.

SOARES, Aparecido José Couto; CÁRMIO, Maria Silvia. Consciência Fonêmica em Escolares Antes e Após Oficinas de Linguagem. São Paulo, 2012.

STAMPA, M. Aquisição da Leitura e da Escrita: Uma Abordagem Teórica e Prática a Partir da Consciência Fonológica. Wak Editora. Rio de Janeiro, 2009.

DESEMPENHO EM CONSCIÊNCIA SILÁBICA E FONÊMICA EM CRIANÇAS COM DESENVOLVIMENTO DE FALA NORMAL E DESVIANTE. São Paulo, Rev. CEFAC, vol.12 nº.1 em: <https://www.scielo.br/scielo.php?script=sci_arttext&pid=S1516-18462010000100003>. Acesso em 15 abr. 2020.

JORNAL DA SOCIEDADE BRASILEIRA DE FONOAUDIOLOGIA. São Paulo, 2012, vol. 24 nº.1 em: <https://www.scielo.br/scielo.php?pid=S2179649120120001000012&script=sci_arttext&tlng=pt>. Acesso em 05 ago. 2020.

Autoras do CONFSOM

Prazer!

Meu nome é Cristina Baltazar Figueira, sou casada e tenho dois filhos. Sempre morei aqui em Santos, São Paulo.

Em 1988, trabalhei como pedagoga inclusiva.

Em 1999, como fonoaudióloga. Já em 2003, como psicopedagoga. E em 2015, como neuropsicopedagoga. De formação, são mais de 30 anos. Mas esperem aí que ainda tem mais! Sou especialista em Motricidade Orofacial, método Padovan, desde 2001.

Também sou professora do curso Extra Sensorial, desde 2010. Fundei a Brinquedoteca Terapêutica em 1993 e trabalhei por lá até 1999.

Fui diretora, pedagoga inclusiva, psicopedagoga e fonoaudióloga na Clínica Brint, de 1993 a 2007.

Como gosto de participar e me envolver nesta área maravilhosa, fui coordenadora e professora da Associação de Pais e Educadores de Autistas APAEA de Santos, de 1990 a 1994, e nas mesmas funções, também na Associação de Pais e Amigos de Excepcionais da APAE de Santos, entre 2002 a 2009. E como a vida não para, atualmente sou: Membro do Núcleo de Desenvolvimento das Potencialidades Criação, como fonoaudióloga e psicopedagoga, desde 2008. Fonoaudióloga e psicopedagoga da clínica Psicofono, desde 2010. E fonoaudióloga da Unimed Santos, desde 2018.

Cristina Baltazar

@consultoriopsicofono.cbf

Olá!

Sou Ana Cristina Ferreira, casada, mãe de um menino bem ativo e tenho como escritor inspirador, Rubem Alves.

Sou formada em Pedagogia com especialização em Orientação Educacional e Vocacional

e lecionei nas Escolas Construtivas "Verde Que te Quero Verde", em São Vicente, e "Boqueirão", em Santos, nas séries iniciais.

Fiz pós- graduação em Psicopedagogia e atuo nessa área há mais de 20 anos.

Sou criadora, administradora e terapeuta no "Núcleo de Desenvolvimento das Potencialidades- Criação", desde 2001 até hoje.

Fiz vários cursos de formação, aqui estão alguns deles: Curso de identificação e correção de Dislexia de aprendizagem, leitura e ou escrita pelo "Three in One Concepts Inc."; Curso de "Rehabilition Functional Neuroanatomy and Neural Development (Reabilitação Funcional Neuroanatômica e Desenvolvimento Neurológico), pela Internacional Academy for Development Rehabilitation; Cursos de Diagnóstico e Intervenções Psicopedagógicas; Curso de capacitação no Método das Boquinhas de Renata Jardini. Ah, e para complementar, também tenho especialização no PEI, que é o "Programa de Enriquecimento Instrumental", do Dr Reuven Feuerstein e estágio de especialização em Neuropsicologia no NANI – "Núcleo de Atendimento Neuropsicológico Infantil" d a UNIFESP.

Ana Cristina

@criacaondp

LANCE A RIMA. O QUE SERÁ QUE
RIMA COM SUA CARTINHA?

CADÊ A RIMA?

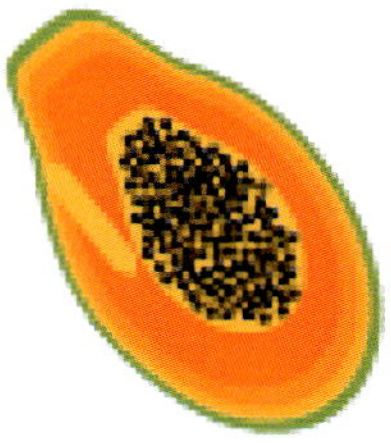

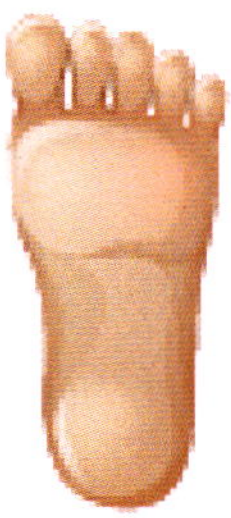

VAMOS PAREAR AS RIMAS

RIMA DADO

JOGO DA MEMÓRIA

SONDADO

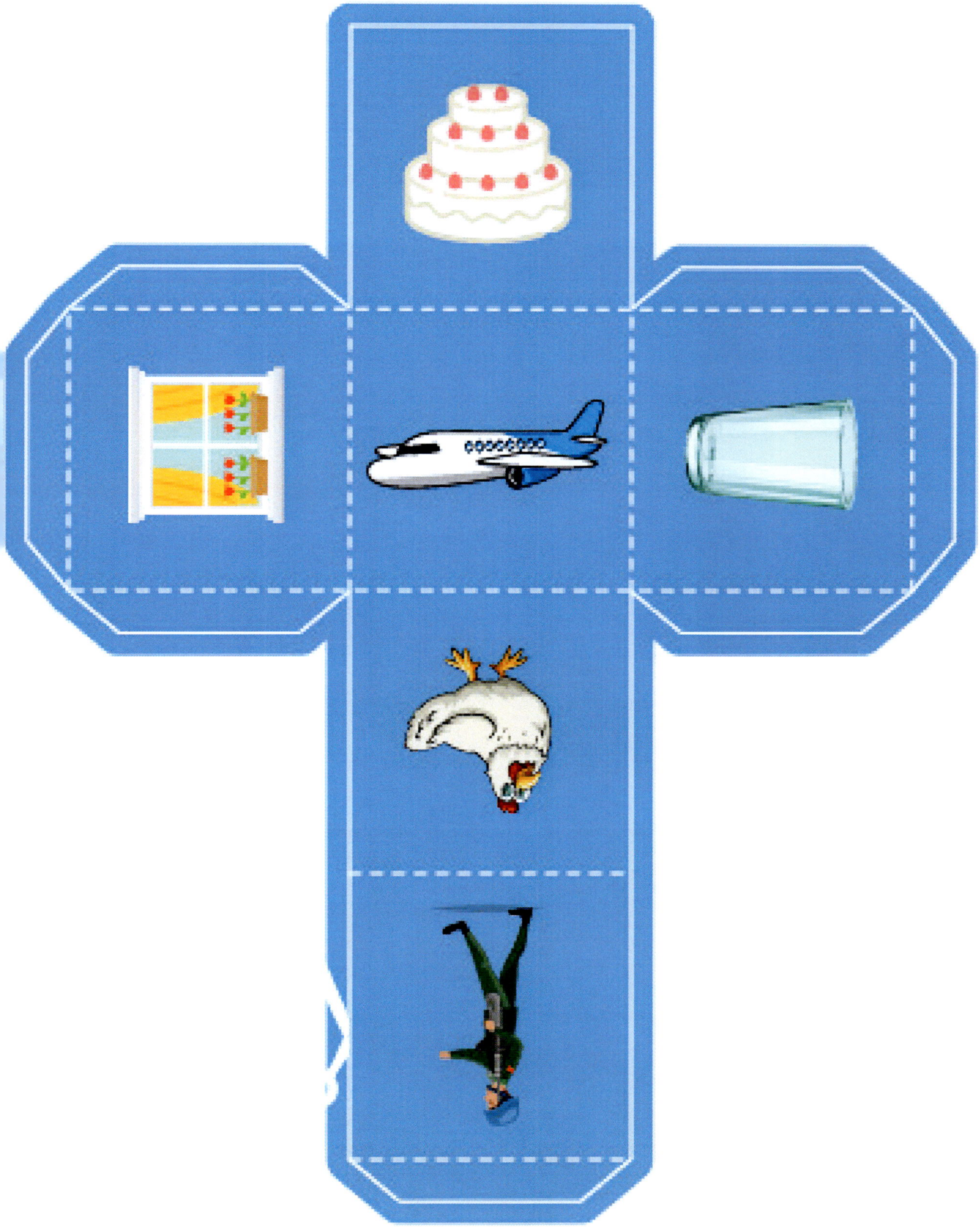

BATATA QUENTE TÁTIL

ALGODÃO

AREIA

ESPONJA

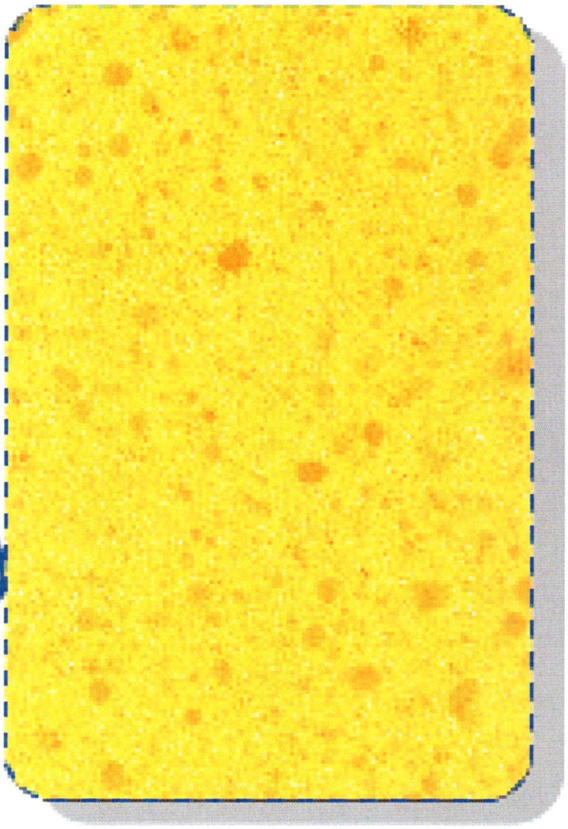

LIXA

TOQUE A FIGURA

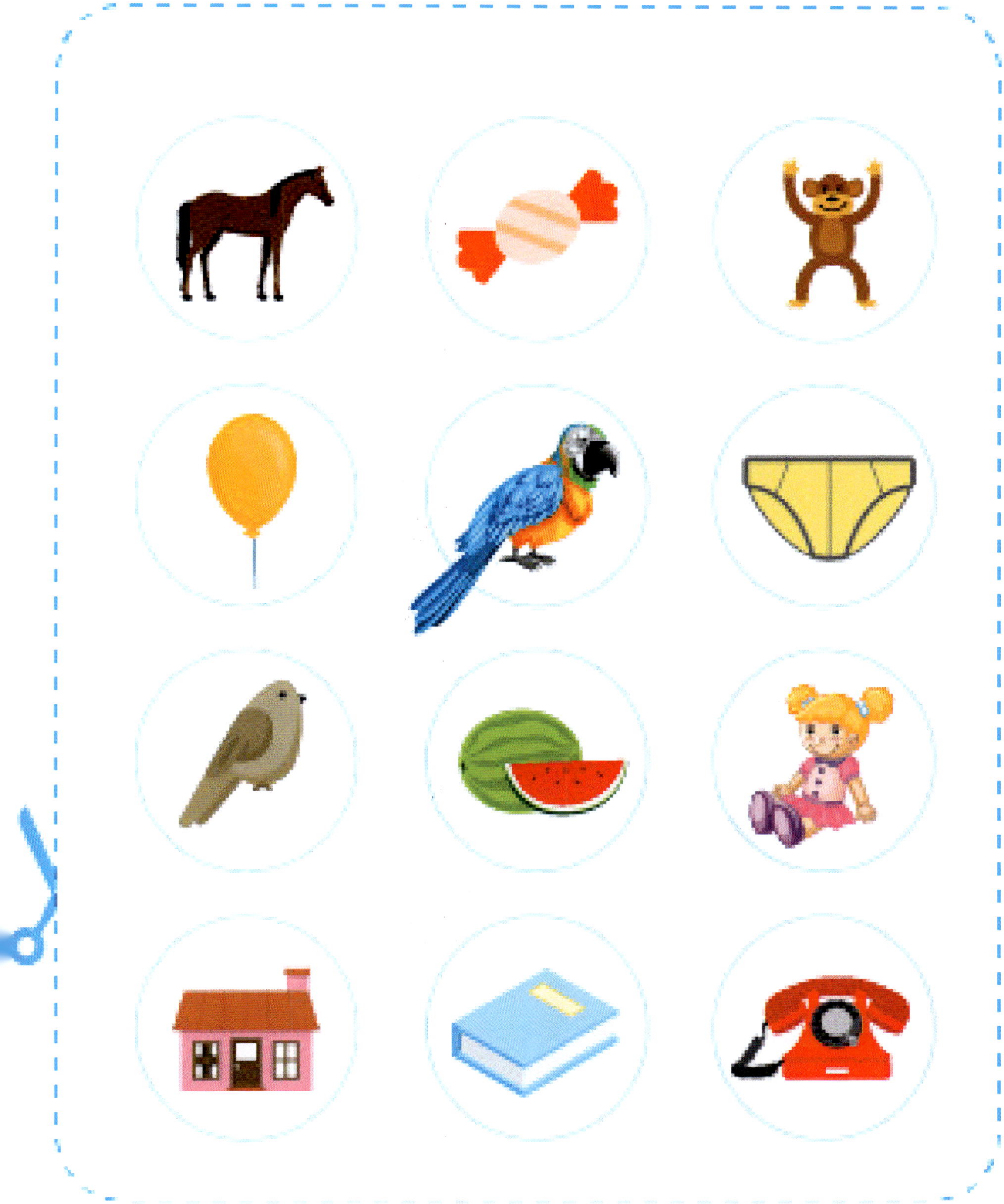

BRINCANDO COM AS SÍLABAS

DOMINÓ

5. Vamos ouvir o nome das figuras abaixo e depois circular aquelas que rimam

Utilizar figuras com palavras trissílabas ou polissílabas.

Janela, panela e cachorro. Janela rima com a panela ou com cachorro?

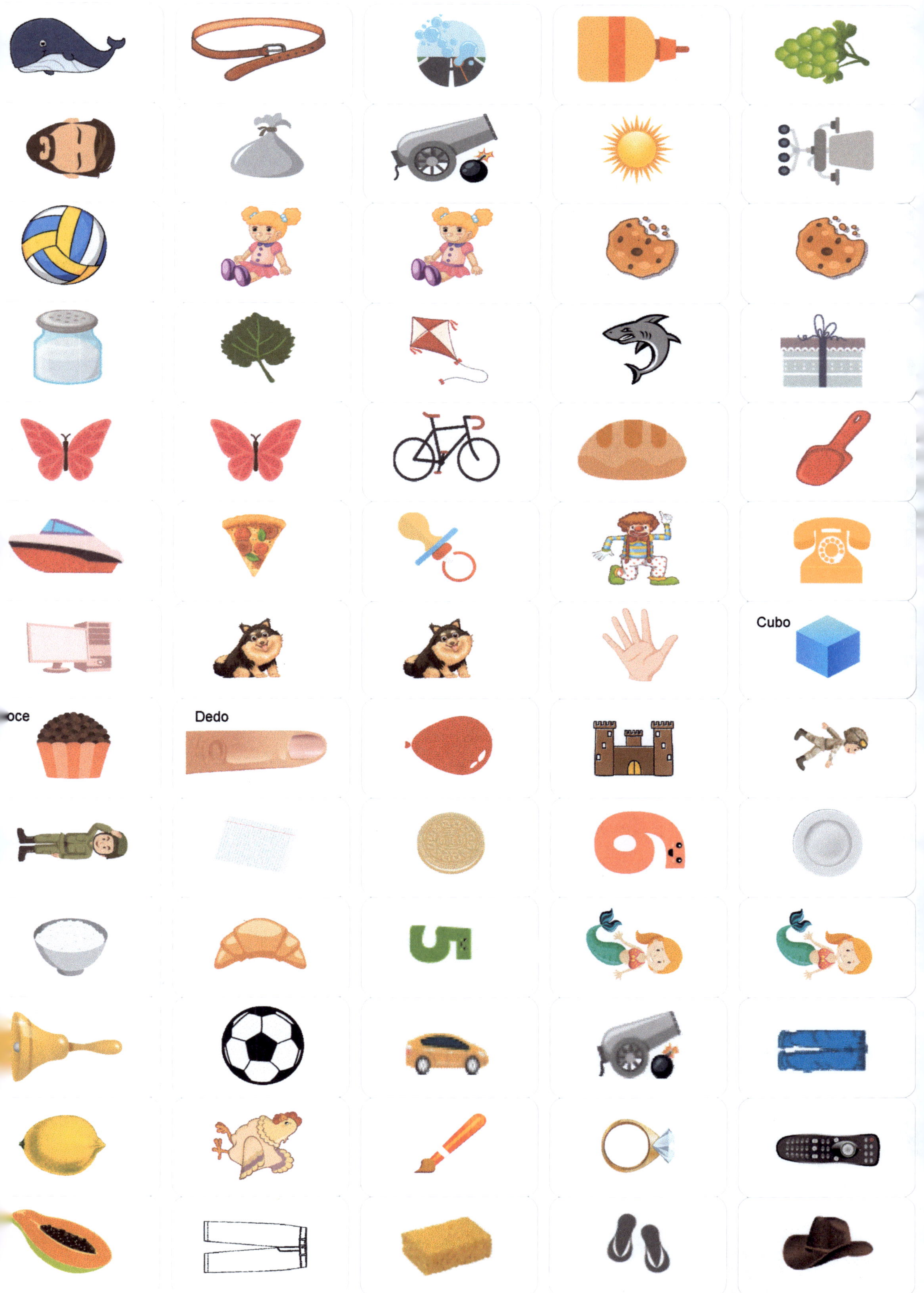
Cubo
oce
Dedo

6. JOGO

LANCE A RIMA. O QUE SERÁ QUE RIMA COM SUA CARTINHA?

Objetivo

Desenvolver habilidade fonológica, percepção auditiva e visual, estimulando a figura e fundo.

Instrução

O jogador deverá pegar uma carta do monte (em anexo), ver a figura e procurar no tabuleiro (em anexo) o desenho que rima com a figura que pegou.